妾心如宅

姵璃——著

聂沛潇抵达烟岚城的三日前，出岫收到云羡寄来的书信，看信上所标注的时间，应是他下狱前写的。

信上说，他的胞妹云慕歌如今已芳龄十四，到了定亲的年纪，希望出岫能嫂代母职，为云慕歌找个好人家。最后，还不忘为三姨太闻娴所犯下的孽事再次赔罪，希望能罪不及子女。

事实上，闻娴的所作所为一直都瞒着云慕歌，直至如今，这位云府二小姐还是一个娇滴滴的天真少女，以为娘亲只是病逝而已。

云羡信中所求，若是在闻娴刚死的时候提出来，出岫定然不会答应。但如今，恩怨已消，云府又经历了这么多是非，出岫也累了。她认为，云辞在天之灵，也希望看到阖府和睦，因此，她一口应下这事。

出岫专程去了一趟荣锦堂，将为云慕歌选婿之事禀报一番，只说是自己的主意。太夫人听后，沉默良久说了一句："嫁出去也好，免得杵在府里碍眼。"

这意思是允了，出岫放下心来，便开始为云慕歌的婚事操心，还特意去清音阁找她说话。也不知闻娴生前是不是太偏心儿子的缘故，出岫发现三房子女差别很大：

三爷云羡成熟稳重、处事得宜；二小姐云慕歌对世事一无所知，书画勉强略懂皮毛，琴棋是一窍不通，整日里喜欢看些诗书，还有从淡心那儿借的话本子。

出岫知道，太夫人必定不会插手二、三房子女的教养，可云想容心计多端、云慕歌天真无知，这两位云府小姐实在难负盛名。

因而，出岫也不指望能为云慕歌寻到一个多荣耀的婆家，何况如今在世人眼中，云府也大不如前了，尤其云慕歌还是个庶女。

就在出岫去慕王府的那一日，曲州传来消息，说叶家有意为嫡长子求娶云慕歌。出岫从慕王府回来，恰好听说此事。她知道叶家出了位贵妃娘娘，是慕王的养母、诚郡王的生母。若无意外，叶贵妃日后必定成为太后，叶家也会因此一跃龙门，百尺竿头更进一步。

出岫猜测叶家有意求娶的原因，大约是通过叶贵妃的关系，知道云府如今的衰落乃是支持慕王所致，也明白这衰落只是一时假象。

相传叶家世代书香，每一辈都会出几个翰林学士，抑或编纂史官。这官职看似不位极人臣，但极为重要，尤其是史官，掌握春秋笔法、书写王朝兴替，其职不可小觑。

出岫对曲州叶家很满意，也派人去打听了那位嫡长子的人品，年十七、通诗书音律，应是个不错的人选。为此，出岫特意去荣锦堂向太夫人禀报，哪知太夫人听说提亲的是曲州叶家，当场便回绝了。

出岫一头雾水，又不知前因，被太夫人迁怒训斥了一顿。也不知是走了什么巧合，事后第二日，曲州谢家也派人来求娶——太夫人的娘家。

出岫知晓太夫人又该恼了。谢家一定是想着有太夫人这层关系，求娶云慕歌是亲上加亲。但他们并不了解云府的秘辛，便无从得知太夫人对三房子女的怨恨。

谢家提亲使上门的当日，出岫刚走到荣锦堂垂花拱门处，便听到里头传来隐隐的怒骂声。待走到客厅，恰好瞧见提亲使灰头土脸出来，对方见到出岫整了整神色，颇为尴尬地道："在下来得唐突，不久留了。"

看这样子，是打退堂鼓了。出岫笑回：“您慢走，妾身派马车送您一程。”说着便吩咐淡心备车，自己独个去见太夫人。

太夫人此时面色通红，大约还是怒急所致。出岫尚没敢做声，太夫人已然道：“你来得正好，曲州叶家不是有意求娶云慕歌吗？你托人问问，倘若属实，便准了吧。”

准了？这么快改变主意了？

太夫人长长出了口气，又道：“你不晓得这其中内情，我们谢家与叶家世代相争，是出了名的不对付。如今叶家求娶，我本不愿云慕歌嫁过去，可只要想到她要做我谢家的媳妇，我心里更堵得慌。相比之下，我宁愿让她嫁去叶家。”

太夫人冷笑一声，又道：“我谢家不要的人，让叶家捡去吧！云慕歌这不通世事的性子嫁过去，也不能主持中馈，叶家会后悔的！”言罢，还做出一副看戏的表情。

“媳妇明白。”

三日后，曲州叶家果然上门提亲，将出岫吹捧一番，但只字未提太夫人。恰好，太夫人也推说身子不适，避不见客。

无论太夫人动的是什么心思，左右这桩婚事成了，只差将云慕歌的庚帖拿去与男方比对，若无相克，便能按照婚嫁的流程走下去。

云慕歌的婚事在数日之内定下，快得令出岫感到不可思议。想到云羡如今身在京畿大牢内，出岫便修书一封送给了京州暗卫头领，吩咐他在三爷出狱之后，即刻将书信呈上。

一连几天，出岫都为云慕歌的婚事而忙碌，早已将聂沛潇前来房州之事抛诸脑后，再者这位诚郡王也一直没说要来云府拜访。在太夫人说了谢、叶两家的恩怨之后，出岫大致能猜到，叶贵妃定然与太夫人不和。

那么聂沛潇不待见云府，也是自然。出岫又开始为云府的前程担忧起来。若是这位板上钉钉的叶太后嫉恨谢太夫人怎么办？她是否会迁怒整个云氏？

“夫人，慕歌小姐求见。”淡心适时打断出岫的思绪。

出岫敛神：“让她进来。”

片刻，云慕歌娇美无邪的面孔出现在出岫面前，十四岁，已脱稚嫩，容貌也算长开了。不知是不是闻娴遗传的缘故，云慕歌虽不算顶尖的美人，但气质很婉约。

“嫂嫂。”云慕歌手持一管玉箫，对出岫盈盈一拜，“我娘不在世，哥哥又远在京州，这婚事全凭您操心了。”

倒也算懂事，出岫点头：“若只是道谢，你何须专程跑来一趟？长嫂如母，这也是我分内之事。”

云慕歌羞赧地垂下头去，将那管玉箫呈上：“这是在咱们后院墙外捡到的玉箫，我瞧着十分名贵，不知是不是咱们府中哪位贵客遗失的，便特意送来给您。”

出岫接过玉箫仔细打量，只见通体生润、色泽剔透、触手生温，不听音色便知是一管好箫。不知为何，出岫忽然想起了诚郡王聂沛潇，而他此刻恰好就在烟岚城内。

“你说这箫是在后院墙外捡到的？何时捡的？”出岫疑惑着问。

云慕歌想了想，报上一个日子，又道：“是我的丫鬟去后院外头摘果子，无意中捡的。”

出岫听了云慕歌报上的日子，正是聂沛潇抵达烟岚城的翌日清晨。试想他头一日下午甫至，慕王为其设宴接风，兄弟二人必定把酒言欢直至深夜，他又如何能来云府？何况慕王府在城南，云府在城北。

如此名贵的玉箫，即便不是皇家之物，只怕也是世家私有。慎重起见，出岫决定将这玉箫暂时留下，再行处置，便道：“这玉箫先搁我这儿，你回去吧。”

云慕歌点了点头，却没有告退的意思，踟蹰着不走。

“还有事吗？”出岫问她。

云慕歌攥着袖角，支吾着道：“嫂嫂唤我‘慕歌’即可。实不相瞒，我确然有一事相求……如今这婚事已定，而我的闺阁技艺不精，不知道您能不能做主将婚事推后两年，让我在这两年里头，发奋学一门技艺。”

云慕歌越说声音越低：“从前是被我娘和三哥宠坏了，学什么都没长性。我……不想被夫家瞧不起。”

听闻此言，出岫有些讶异。她原本以为云慕歌不谙世事，却不承想她小小年纪，也懂得为自己筹谋了。

“这是好事。曲州叶家世代书香，叶公子也是风雅之人。你是该学一门技艺，日后也好与夫君琴瑟和鸣、举案齐眉。”出岫笑回，又问她，“你想学什么？”

云慕歌脸色越发红了，瞥了一眼出岫手中的玉箫，道：“我想学箫……”

学箫？出岫笑道：“学箫可不能速成，旁的不说，就是对‘气’要求很高。你若气短，这箫是学不成的。”言罢又打量了一下云慕歌的身形，道，“你这般瘦弱，学箫会底气不够。”

云慕歌面上有些失望神色：“那……全凭嫂嫂做主，看哪一门能速成的？”

速成？出岫看了看手中玉箫，灵机一动：“这样吧，自古琴箫不分家，你不如学琴。在这方面我也懂些皮毛，先请师傅教教你，闲来无事我也能指点指点。”

云慕歌闻言大喜，连连点头，转而又为难地道：“嫂嫂……您先教我入门行吗？否则请了师傅回来，我连指法都不准，岂不是很丢人？”

出岫脆笑起来，一口应承：“也好。只不过我白日事忙，不仅要照顾生意，还要主持中馈……这样吧，从明日起，每日晚膳过后，我教你一个时辰。”

“多谢嫂嫂，那我先告退了。”云慕歌借口要向太夫人请安，径直去了荣锦堂。

“慕歌见过母亲。”云慕歌娇滴滴地拜见太夫人。

太夫人挑了挑眉，面上一派和气之色：“该对你嫂嫂说的话，你可都说了？”

“说了。”云慕歌低眉顺眼地回道，“嫂嫂也同意教我弹琴，每日用过晚膳以后，我跟她学一个时辰。”

太夫人满意地点了点头：“你听话就好。我筹谋让你嫁给叶家，你也知道是抬举你了。叶家出了位贵妃娘娘，又是慕王的养母，日后便是南熙皇太后。你虽为云府小姐，却是庶出，能嫁去叶家做嫡长媳，是条好出路。”

云慕歌长在闺阁，并不知道谢家与叶家的恩恩怨怨，听了太夫人这话，只道是真：“多谢母亲恩典。”

太夫人“嗯”了一声：“外头都传闻你擅琴，叶家主母及其子也是喜好音律之人。若不是这层缘由，又有我云府的威名，你是绝无可能高攀上的。”

云慕歌抿唇点头："女儿明白，定跟随嫂嫂好生练琴。"

太夫人心中嗤笑，面上却道："最多明年你就嫁了，还能学成什么？做做样子而已，不必学得太认真。有那么一两首曲子勉强入耳，便算你的本事。"

"可嫂嫂说，我可以过两年再嫁的……"

云慕歌这话说得轻悄，奈何太夫人还是听见了，当即沉下脸色："你不知道'夜长梦多'吗？既然亲事定下了，自然要速成，明年你十五了，年岁正合适。你看你姐姐想容，差点熬成老姑娘。你听话，我自然不会亏待你，给的嫁妆只会比你姐姐更多！"

听到嫁妆给得多，云慕歌忙又喜道："多谢母亲。"

果然是小家子姑娘，给几个嫁妆便能欢喜成这样。太夫人轻咳一声，故作缓色道："这几日叶家的人还没走，只怕晚上会在附近转悠，想听听你的琴声。你想个法子让出岫替你弹吧，先将人打发走了再说！"

云慕歌果然紧张起来，咬着下唇道："女儿明白。"

"我累了，你去吧！"太夫人不想对她多说一句话。

云慕歌施施然退下，到如今还不知自己是被太夫人摆了一道，连出岫也被蒙在鼓里。

一旁侍奉的迟妈妈见云慕歌走得远了，才叹道："谢老爷派人来为长子提亲，被您斥走了，叶家听说之后很欢喜，当即便将婚事定了。"

太夫人冷笑一声："叶家什么心思，我还能不知道？他们以为如今出岫是当家主母，我老太婆放权了，便不将我放在眼里……"

太夫人顿了顿，似在嘲讽叶家鼠目寸光："叶家想与我云氏联姻，保住满门昌盛。他们也不想想，云氏愿不愿意给他们做后盾？我就算不做当家主母，也一样能将叶家拉下来。"

迟妈妈笑着附和："叶家看咱们拥立慕王有功，云想容又能保住沈予，才会效仿此法，以为大树底下好乘凉。"

太夫人亦是笑得轻蔑："不怪叶家未雨绸缪，慕王毕竟不是叶莹菲亲生的，保不齐她日后干政，慕王就把叶家处置了。"

"叶贵妃就算无心干政，有您珠玉在前，她必定想要压制您一筹。就为了这个原因，她也会干政的。"迟妈妈算好了叶贵妃的小心思。

"她叶莹菲也不想想，这世上能有几个谢描丹？她想牝鸡司晨，也得慕王愿意！”太夫人再次冷笑，“我不过是添油加醋一把，你且看着，就凭叶莹菲这股心气儿，最后还是慕王先容不下她！除非她自己知趣！”

至于云慕歌嘛，既是闻娴的女儿，她怎能容得她好？就借叶家的手来处置她吧！叶家与云慕歌，最终只会抱成一团去死，还指望云氏会援手相救？笑话！

想到此处，太夫人阖目微笑。闻娴害死她的爱子云辞，按理自己也容不下云羡。可偏偏云羡如今是老侯爷仅剩的血脉，她也只能对云慕歌下手了！

用一个蠢钝到家的云慕歌，去偿还云辞一命，说到底，还是闻娴赚了。

翌日用过晚膳，出岫与云慕歌在静园相约。原本是打算去云慕歌住的清音阁传艺，但出岫怕琴音外泄，碍着大家休息，便将地点改在了静园。

如今的静园格局与从前大不相同。当初为了支持慕王，将荷塘下头的金库开启了，为了能把大批金条秘密运出去，太夫人索性翻修静园以掩人耳目，将金条混着泥土运送而出。

时值冬月上旬，好在南熙四季如春，即便冬日夜晚也不觉得寒冷。出岫命管家找了一具好琴，带着竹扬来到静园，打算从指法教起，再慢慢教云慕歌看曲谱。

岂料等了半晌，云慕歌才姗姗来迟，双手还裹着厚厚的纱布。

“这是怎么了？”出岫见状忙问。

“丫鬟们在外头擦门，我恰好推门想出去，结果丫鬟一使劲，将我的手指夹在门缝里了。”云慕歌齉着鼻子回话，显然方才是哭过了。

“两只手都夹住了？伤得厉害吗？”出岫关切地问。

云慕歌点了点头：“已经让大夫看过了，也上了药，说是无甚大碍。但只怕这两天是练不成琴了。”

出岫出言安慰：“你也别急，要不我先教你认曲谱？”

云慕歌面上闪过一丝慌乱，又抬首望了望天色，道：“天都暗了，打着灯笼认曲谱实在太费眼睛。改天我特意去知言轩请教嫂嫂好了。”

出岫想了想，道：“也好。那今日你回去歇着吧。”

“可我想听嫂嫂弹琴。”云慕歌忙道，“我得先练练耳朵。”

练练耳朵？出岫哭笑不得，但也并未拒绝，笑道：“那好，我先弹几首简单的，你听听。”言罢已定了心神，款款落座，入手弹起一首小调。

出岫距离上次弹琴，已是一两年前的事了，也是在这静园之内。她还记得自己弹琴时，墙外有箫声相和。自那之后，事情接二连三地发生，她也没什么机会再抚琴，如今手都生硬了。出岫耐心缠好护甲，便拨弄琴弦练起手来。

简短而静谧的曲子从她指间缓缓流淌，有一种安稳心神的作用。初开始，云慕歌听得很赞叹也很认真，过了一会儿，许是时辰太晚，她竟打起了瞌睡，有一下没一下地捣着头，手肘支在石案上托腮睡着了。

出岫犹自沉浸在抚琴之中并未发觉，竹扬在旁也不好开口打断。原本今夜是为了教云慕歌弹琴，可弹了几遍之后，她也找到了从前抚琴时的感觉，遂变换曲子认真弹奏起来。

一首《薄幸人》凄凄婉婉刚弹到一半，墙外忽然响起一阵婉转箫声。不缓不急，卡着节奏，恰好能与这琴声相和。出岫不禁提起精神，弹得越发精准沉稳。

得觅知音便如棋逢对手，端的是畅快淋漓。直至一曲终了，出岫大感心情舒畅，回过神来，才发现云慕歌竟然睡着了。

“你送二小姐回清音阁吧！”出岫对竹扬命道，又笑着说，“我自己回知言轩。”女护卫还是方便一些，好比眼下这种情况。

竹扬踌躇一阵，回道：“夫人，让护院送您一程吧。”

“也好。”出岫并未拒绝，“如今云府人丁稀少，再没人能算计我，你还怕我路上出事吗？快去吧！别让二小姐着凉了。”

竹扬闻言没再坚持，俯身抱起沉沉睡着的云慕歌，率先离开静园。

出岫又在石案前独自坐了会儿，想起墙外的一曲箫声，感到异常亲切。她想了想，自己这么走了好似不大礼貌，于是便在琴上划了几个尾音，算是向吹箫人告别。

这一次，墙外的箫声没有再回应。难道吹箫人已经走了？出岫边想边抱着琴具起身，打算返回知言轩。谁知她刚一回头，竟瞧见有个暗紫色身影立在廊亭之下，足足比她高出一个头，脸覆一片黄金面具，就这么不声不响地站在她身后。

出岫瞬间花容失色，骇得失手将琴掉在地上。只听“嘭”的一声伴随着弦断之声，好端端一具琴已摔出了一道裂缝。

出岫哪里还顾得上这些，连忙后退一步惊呼着问：“你是谁？怎么进来的？”如今静园里再无金库，也加强了护卫，为何这个戴着黄金面具的男人能够轻易闯入，却没被护院发现？

但显然，对方没有回话的意思。质地纯正的黄金面具映着廊亭灯火，闪现出一片流光溢彩。那面具后的男人只露出鼻骨以下的部位，下颌僵硬、薄唇紧抿，似在极力隐藏着怒气，抑或隐藏着失望？

出岫见对方一直沉默不语，也没有出手伤人的意思，这才稍稍稳定心神，再次出言问道：“阁下是谁？”

紫衣男子至此终于身形微动，掩在面具后的一双深眸泛着别样光泽，只盯着出岫细细地看。他眼神之中有惊艳，也有惊讶，但更多的是……难以置信。

他将垂在阴影里的右手缓缓抬起，手中握的是一管长箫：“在下无意冒犯，只是听闻天籁琴音，心生向往，故而忍不住进府一探。”

不知怎的，出岫只觉这男子说话声音极为低沉，好似有掩藏不住的忧伤。她看不到他面具后的神情，只能凭借感觉来判断，眼前这男子应当就是墙外吹箫之人。而能吹出这等美妙箫声的，不应该是个别有居心的登徒子。

出岫垂眸看着他骨节分明的右手，还有被修长手指所握住的长箫，语气清淡地再问：“阁下知道这是何处吗？”

“云府。”紫衣男子的声音比方才更为低沉。

出岫朱唇轻启，容颜宛若湖中仙子，抬眸对他轻声道：“妾身乃寡居之人，偶然抚琴遣怀。阁下既然瞧见妾身真容，还请快些离去吧。”

她想了想，又补充道：“今夜之事，望阁下权当不曾看见。告辞。”言罢她俯身拾起地上那具摔坏的琴，抱在怀中快步走下廊亭。

刚走了几步，出岫又想起一事，便顿足回首看去。那紫衣男子仍旧站在亭内，隔着面具凝望台阶下的她，身姿很是……孤清绝望。

“阁下是否遗失了一管玉箫？还请告知府上地址，妾身明日差人送还。”出岫抬首望向对方，等他一句回话。

岂料，紫衣男子闻言之后身形一晃，好像承受了极大的打击，喑哑着声音道：“出岫夫人……”这四个字，似疑问，又似确认。

出岫想起对方的箫声，只道这是个痴迷音律之人，遂坦白回道：“正是妾身。”

她话音刚落，不过眨眼工夫，廊亭内已闪过一片紫金光影。紧接着，那紫衣男子消失得无影无踪。

宛如迷梦一场……

聂沛潇从云府静园出来之后，只觉得恍恍惚惚，竟不知自己是如何回到慕王府的。自从得知弹琴之人不是云想容后，他每夜都来云府后墙外，只希望能重新听到那魂牵梦萦的琴声。

等了多日，今夜终于再次听到了！几乎是在曲调响起的一瞬间，他便笃定这弹琴之人是他心仪的那位女子，于是取出玉箫相和，想以此表达爱慕之意。

怎奈一曲终了，院里再也没了琴音。他按捺不住多日的思念与探究心情，遂从后墙跃入静园之内，又与侍卫联手打昏了几个护院，想去一探芳踪。

取出事先准备好的黄金面具戴上，循着灯火摇曳之处，聂沛潇远远望见一个宛如仙子的身影，白衣胜雪、超凡脱俗，正坐在琴案前对另一人说着什么。

他缓缓靠近不愿惊扰佳人，便隐在暗处屏息凝神，自问这身法就是当世高手也不能轻易发现。果然，他骗过了那个女护卫，但也听到了令他震惊不已的一番话：

“你送二小姐回清音阁吧！我自己回知言轩。”

“如今云府人丁稀少，再没人能算计我，你还怕我路上出事吗？快去吧！别让二小姐着凉了。”

既然这白衣女子称呼别人为“二小姐”，那自然不是云慕歌了。聂沛潇情不自禁地走近，一眼认出这绝美的女子曾与自己有过一面之缘——在云辞大婚那日。

原本以为她是云府一个得宠的丫鬟，然，再后来的一番对话却令他的心坠入无尽深渊……

这白衣女子竟然是……离信侯府的当家主母！传说中杀伐决断、冷酷无情、不择手段、靠遗腹子上位的出岫夫人！是他曾深深鄙夷过的寡妇！

他怎能相信，怎能接受！回到慕王府后，聂沛潇二话没说闯进酒窖里，将他七哥私藏的美酒一一开封，闷着头将自己灌醉。

如此美好的女子……若是没瞧见她的容颜，若是未曾与她说过话，他还只是心存仰慕而已——仰慕这女子的琴心，还有那份无比默契的心意相通。

可，就在看到她真容的那一刻，听到她与女护卫谈笑的那一刻……电光石火，一眼万年，聂沛潇忽然觉得认识她许久了，仿佛彼此早已在轮回中牵绊过无数次。她的一言一行、一颦一笑，都与他心里的影子如此吻合！

一种从未有过的怦然心动令他窒息，几乎……失态。好不容易抑制住那份狂喜，想要确认她的身份……最终竟得到一个如此残酷的事实！

头脑昏昏沉沉，胸腔里的抽痛令聂沛潇难以释怀，心口某处仿佛扎入了一个柔软的物什，硌着、嵌着、疼着、难受着。

一个十九岁的美貌寡妇，若是别人家的寡妇也就罢了，可偏偏是云氏……只这一重身份，便将两人隔绝在了天涯两侧，莫说是做知音，即便想坦坦荡荡地来往，也不能够……

聂沛潇想笑，笑着笑着却又觉得苦涩，最终也不知究竟喝了多少坛酒，又掺了多少品种，总之他是醉了，头一次毫无顾忌地醉倒在酒窖里，不知如何慰藉这份荒诞无稽的心动。

醉倒的那一刻，昏暗的酒窖里闪过一片光泽，是他怀中的黄金面具掉了出来。聂沛潇伸手拾起，缓缓发力，一阵金属碎裂之声倏然响起，那薄如蝉翼的黄金面具已断成两片……

是夜，他做了一个梦，梦里满满都是一张绝美容颜，在阑珊灯火下泛起令人痴迷的潋滟，时而沉静端庄、时而笑靥如花、时而惊慌失措、时而清淡有礼……

“如今云府人丁稀少，再没人能算计我，你还怕我路上出事吗？……”

出岫夫人曾说过的这句话，深深烙在了聂沛潇的脑海之中。再联想起世所传言的云府秘辛，他几乎可以想象得到，这个女子经过了多少迫害，又抵住了多少压力。

就连梦中，他也为此深深心痛着。

翌日再醒来时，聂沛潇已身在自己房内的榻上。宿醉的乏力与针扎般的头痛令他难以起身，再想起“出岫夫人”这四个字，只觉得昨夜是一场梦魇。

他缓缓起身，正欲唤侍卫入内，眼风却扫见桌案上放着两片断裂的面具。只这一眼，昨夜那种心痛的感觉又回来了……这不是梦！一切都是真的！

刹那间，聂沛潇做了一个决定——离开房州！再也不与云氏来往！

“冯飞。”他哑着嗓子唤来侍卫。

“殿下。”冯飞领命进屋，身后几个丫鬟鱼贯而入，服侍盥洗。

聂沛潇起身穿衣，二话不说拎起案上的茶壶，一口气将一壶冷茶喝得干干净净。至此，才解了咽喉中火烧一般的渴意，再问冯飞：“七哥现在何处？”

冯飞犹豫一瞬，才如实回话：“慕王殿下如今正在待客厅，会见……出岫夫人。”

“咣当”一声，聂沛潇将手中的琉璃茶壶重重放下，凝着脸沉默片刻，才道：“替我更衣……”

慕王府，待客厅。出岫正与慕王商量南下京州之事。

“夫人想亲自去一趟京州？”

出岫点头：“今日一早妾身接到飞鸽传书，三爷已平安出狱，想容和姑爷也迁出了文昌侯府……”她顿了顿，对“姑爷”这称呼还是不大适应，“妾身想过去看看，替他们打点打点。尤其我家三爷长期在京州打理生意，妾身也想趁此机会去拜访一些世家公卿。”

出岫原是打算教授云慕歌练琴，奈何这丫头手指肿得厉害，大夫说没个两三月休养，不能使力。恰好沈予和云羡的事也接连办妥，她便想利用此机会去京州一趟。尤其对沈予，她实在放心不下。

听闻此言，慕王不自觉噙上笑意：“以云府的声名地位，夫人何须拜会他们？该是他们拜会你才对。”

“殿下莫要折煞妾身了。”出岫低眉，无奈地叹了口气，“京州乃是天子脚下，公卿世家入眼繁华……云氏今非昔比，日后还要仰仗殿下。”适时的低头服小，是为了换取以后的昂首抬头，这一点，出岫看透了。

她这话果然令慕王很是受用，后者魅惑一笑，负手而回道：“夫人折煞本王了。云氏家底如何、实力如何，外人不清楚，本王可是清楚得很。日后本王执掌南熙江山，夫人若是袖手旁观，只怕本王的日子不会好过。”

毕竟，米面、粮油、棉麻、漕运、钱庄等关乎民生命脉的行业，大部分都由云氏把持着。遑论云府还有一支秘密军队——豢养了数百年的云氏暗卫。这究竟是一个多少人的组织，又有多强的实力，慕王自问摸不透，他想恐怕连出岫也没有完全摸透。

一番心思在暗中百转千回，慕王面上却不动声色，再问出岫："夫人打算何日启程前往京州？本王也好为夫人送行。"

"殿下太客气了，妾身……"

出岫一句话未完，忽听王府管家在外禀道："殿下，诚郡王到。"

聂沛潇突击前来，令出岫避之不及。饶是她心底抗拒与之相见，可这不期然地撞在一起，她若再躲避，便显得矫情了。出岫只得坦坦荡荡地起身相迎。

刚从座上站起来，便见聂沛潇跨入书房门槛，身材挺拔、俊朗无匹，面上还噙着一抹似笑非笑。他虽刻意保持着清爽神色，但出岫一眼便知，这位九皇子是宿醉刚醒。

她仍旧习惯称呼聂沛潇为"九皇子"，只因他写就《朱弦断》时的那个身份，早已烙印在她心里。就像无论时局如何变迁，沈予也依然是她眼中风流倜傥的"沈小侯爷"……

只是出岫从未想过，今生她还能与九皇子相见，而且是在这种场合下。想着想着，出岫不禁多看了九皇子一会儿，待她回过神来，才发现对方也正瞧着自己。

四目相对之下，一种说不清的感觉在彼此之间暗涌。出岫可以肯定，她以前从未见过聂沛潇，但不知为何，她竟觉得他十分眼熟，尤其是这身形……

不过片刻工夫，出岫心中已闪过数个念头，同时朝聂沛潇盈盈一拜："妾身云氏出岫，见过诚郡王殿下。"

聂沛潇并未即刻回话，面上划过一丝黯然，才回神道："夫人客气了，本王惶恐。"

此时慕王也开了口，调侃着道："你可舍得起了？昨夜险些喝空我的酒窖。"

聂沛潇闻言轻咳一声，尴尬回道："昨夜失态了，七哥莫怪。"说着眼风还刻意瞟了出岫一眼，见她无甚反应，才放下心来。

出岫见聂沛潇欲言又止，还以为他是顾忌自己在场，便适时告辞："不耽误您二位谈事了，妾身先行回府。"

慕王点头，一个"好"字尚未出口，岂料聂沛潇已唐突地开口："夫人且慢！”

出岫一怔，望向聂沛潇：“殿下有何吩咐？”

聂沛潇哑然，不知该如何回话。他原本是无意识地出口挽留，大约是想再看她两眼，哪知他言语之间失态了。

想了又想，聂沛潇找到一个借口，对出岫道：“本王是想向夫人解释一下……本王求娶云大小姐，其实是个误会。”

误会？出岫只觉得好笑，面上却得宜地回话：“此事本该妾身致歉才对，是想容没有福分。”

只一句话，便将聂沛潇给堵了回去。他忽然感到有些烦闷，暗嘲自己面对出岫夫人时，竟然像个毛头小子一般，再没了平日的骄傲与随意。

慕王也看出聂沛潇今日一反常态的拘束，遂出言调解：“经铎，你这会儿来见我，是有什么急事？”

聂沛潇即刻反应过来，敛目沉吟一瞬，艰涩地开口：“我是来向七哥告辞的……已近年关，母妃想让我回京州陪她过年。”

“这么快走？”慕王蹙眉，“来时你曾说过，要在房州陪我过年，等过了正月再离开。”

闻言，聂沛潇又看了出岫一眼，故作坦然：“我改变主意了，下次吧。”

慕王并未强留，顺口说道：“恰好，出岫夫人也打算南下京州。”

她也要去京州？聂沛潇不动声色注意出岫，唯恐遗漏她任何一个表情：“夫人要去京州？”

出岫顺势点头：“妾身去处理一些私事和生意。”

“何时启程？”他忍不住再问。

“大约后日。”

后日？与自己计划离开的日子是同一天！聂沛潇不知心中该喜还是该悲。喜的是他还有机会与出岫再见面，悲的是怕自己多见她几次，只会更加难受……

此时慕王见聂沛潇屡屡不在状态，便再对出岫道：“本王会修书一封，夫人到了京州若有任何需要，可凭本王的手书请京畿卫帮忙。”

“多谢殿下，妾身却之不恭。”出岫明白慕王的意思，他担心因为云羡出狱之事，明氏会在暗中下手报复。而自己又与明璎有宿怨……

正想着，慕王已起身行至书案旁，匆匆几笔写就一页书信，又取出私印加盖其上。他将书信工整叠好递给出岫："夫人收好。"

出岫接过书信，又道了句谢，便欲再次告辞。话已到了嘴边，她才想起今日遗漏一桩事，于是命竹扬将一方锦盒送进来，递给慕王道："妾身此去京州，临行前还有一事要请殿下帮忙。"

"夫人但说无妨。"慕王很客气。

出岫便当着两位皇子的面，将手中的锦盒打开，指着其中的名贵玉箫，笑道："这是我府里下人无意中寻到的一管箫，妾身看这箫异常名贵……想请殿下帮着打听打听，城内有谁家遗失了玉箫。妾身寡居不便露面，又即将赴京，还请您代为归还此物。"

慕王垂目去看锦盒里的玉箫，一眼便认出这箫的主人是谁。他下意识地看了聂沛潇一眼，果然瞧见对方神色闪烁，不大自然。

九弟的箫，为何在出岫夫人手中？且看这情形，出岫夫人应是不知情的。慕王自认对聂沛潇很了解，他这个九弟即便遗失钱袋，也绝不可能遗失这管心爱之箫……

慕王再瞟了一眼聂沛潇，这才伸手接过锦盒，对出岫郑重笑回："这事好办，夫人放心交给我吧。"

出岫莞尔，最后向两位皇子告辞："妾身不便久留，这就回府收拾行装了。"她捏着慕王所给的通关文牒和亲笔书信，欠身行了告辞之礼。

她要走了？这么快？聂沛潇望着眼前这白衣身影，只觉出岫夫人无论是面容、身段，还是声音、神态，都美得无可挑剔。难怪天人之姿的离信侯也会喜欢……